Übersetzung und Produktion wurden freundlicherweise gefördert durch
The Danish Arts Foundation. Der Verlag bedankt sich.

Die dänische Originalausgabe erschien 2022 unter dem Titel
Jørgen Pingvin bygger en hund, der hedder Arne
bei Gads Børnebøger, einem Verlag der Gads Forlag A/S.
Text © Sabine Lemire, 2022
Illustrationen © Rasmus Bregnhøi, 2022

Für die deutschsprachige Ausgabe:
1. Auflage 2025
© 2025 Klett Kinderbuch, Leipzig
Alle Rechte vorbehalten
Umschlaggestaltung: Florian v. Wissel unter Verwendung von
Illustrationen von Rasmus Bregnhøi
Herstellung und Satz: Florian v. Wissel, hoop-de-la design, Köln
Druck und Bindung: Livonia Print, Riga
Erschienen bei: Klett Kinderbuch GmbH,
Richard-Lehmann-Straße 14, 04275 Leipzig
info@klett-kinderbuch.de, www.klett-kinderbuch.de
Printed in Latvia
ISBN 978-3-95470-310-4

Sabine Lemire und Rasmus Bregnhøi

... baut was, was bellt

Aus dem Dänischen von Franziska Gehm

Das ist

Jürgen.

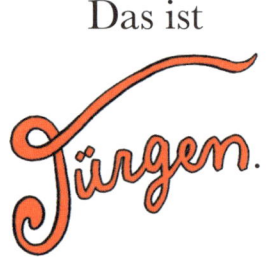

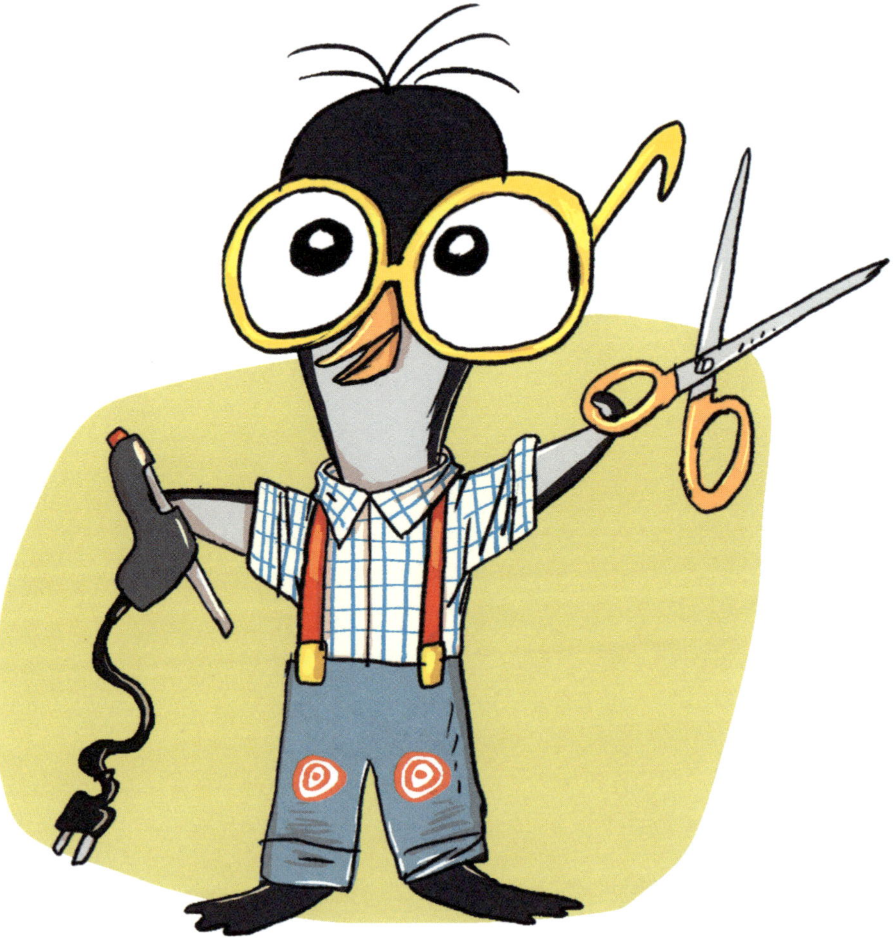

Jürgen hat zwei Flügelflossen
und einen Schnabel.

Mit seinen Flügelflossen bastelt er gerne und mit seinem Schnabel erzählt er gerne Geschichten.

Er bastelt große Sachen, kleine Sachen, lange Sachen, runde Sachen und viele andere Sachen.

Jürgen hat immer was zu tun.

Wenn Jürgen in der Schule ist, zeichnet er, faltet Papier oder bastelt an irgendwas herum. Obwohl er genau weiß, dass er eigentlich aufpassen muss.

Aber Jürgen denkt sich: Ist doch besser, im Unterricht die Flossen zu benutzen als den Schnabel. Denn Lehrerin Katja sagt oft, er soll den Schnabel halten.

Katja hat eine lange Liste, was die Kinder in der Schule lernen sollen. Da steht viel langweiliges Zeugs drauf.

Aber wer Jürgen kennt, weiß, dass er ein bisschen chaotisch ist. Oder wie Papa Finn immer sagt: „Mit diesem Pinguin wird's nie langweilig." Denn wenn Jürgen mit seinen Flügelflossen herumwerkelt, geht oft was schief. Mal fällt was um, fängt was Feuer, oder es passiert irgendein anderes Unglück.

Es ist ein ganz normaler Samstagmorgen.
Jürgen wacht früh auf.
Beim Aufstehen weiß er immer schon, was er vorhat,
denn jeden Abend denkt er vorm Einschlafen darüber
nach, was er am nächsten Tag basteln könnte.

Gestern Abend dachte er: Hund!
„Ich bau mir einen Hund", nahm Jürgen sich vor,
und damit war die Sache beschlossen.

Jürgen steht auf und holt die Heißklebepistole aus dem Schubfach. Er ist heute so richtig in Klebelaune. Es muss ein großer Hund werden, denkt Jürgen und steckt die Klebepistole in die Steckdose.

Mama Jytte schläft noch, und das ist auch gut so, denn sie mischt sich immer viel zu viel ein. „Pass auf, dass du dich nicht verbrennst", sagt sie jedes Mal, wenn sie die Heißklebepistole sieht.

Und wenn Jürgen das Bastelmesser rausholt, ist es ganz schlimm. Denn dann erzählt Mama Jytte immer diese ewig lange Geschichte von einem Pinguin, der nur ein Stück Pappe schneiden wollte und sich dabei die halbe Flosse abgeschnitten hat.

Mama Jytte erzählt immer weiter, auch wenn Jürgen sagt, dass er die Geschichte schon kennt und ihm beim Gedanken an das viele Blut schlecht wird.

Deswegen schleicht Jürgen jetzt leise in seinem
Zimmer herum und sucht sich einen Pappkarton,
eine Dose, einen Stahlschwamm, Schrauben, Farbe,
Pinsel, eine Schere und ein Bastelmesser.

Jürgen weiß genau, wie sein Hund aussehen soll.
Er soll groß sein, ein schönes Fell haben und
scharfe Zähne.

Der Hund soll gefährlich aussehen, aber eigentlich ganz lieb sein, und er soll Arne heißen.

Jürgen arbeitet blitzschnell mit seinen Flügelflossen.
Er schnippelt, klebt und malt.
Gut, dass man den Fußboden wischen kann, denn beim Basteln geht immer mal was daneben.

Jürgen fragt Arne, wo er herkommt.

Arne erzählt, dass er zusammen mit einem anderen Welpen bei seiner Mama aufgewachsen ist, in einem großen Haus an einem See.

Jürgen verspricht Arne, dass er ihm später den Park
zeigen wird. Denn Hunde sind ja gerne in der Natur.
Außerdem will Jürgen nicht, dass Arne
zu Hause auf den Fußboden kackt,
also ist das mit dem Park
eine gute Idee.

Arne ist fast fertig, als Papa Finn und Mama Jytte
plötzlich in der Tür stehen.
„Was soll denn das werden?", fragt Mama Jytte.
„Na, zum Glück ist der nicht lebendig", sagt Papa Finn.
Typisch Erwachsene, die kapieren mal wieder
gar nichts.

Arne ist schließlich genauso lebendig wie sie alle.
Er ist nur etwas pappig.

Jürgen klebt Arne den letzten Zahn in den Mund und sagt: „Das da sind meine Eltern."

Arne sagt nichts. Aber Jürgen kann gut verstehen, dass Arne erst mal überlegen muss, was er zu diesen alten schrägen Vögeln sagen soll.

„Hat ein Hund nicht Schnurrhaare?",
fragt Mama Jytte.
Immer findet sie einen Fehler.
Jürgen will gerade antworten,
aber Papa Finn ist schneller.
Er nickt und sagt:
„Alle Hunde haben
Schnurrhaare."

Jürgen schaut zu Arne, der Jürgen anguckt und dabei aussieht wie ein Hund, dem Schnurrhaare fehlen.

Also holt Jürgen eine Rolle Stahldraht und schneidet mit einer Zange kleine Schnurrhaar-Stücke ab.

Dabei kneift er sich aus Versehen in die Flügelflosse.
„AUA!", schreit Jürgen.
„Was ist passiert?", fragt Papa Finn und starrt dabei Arne misstrauisch an.

„Das war nur die dumme Zange",
murrt Jürgen.
Mama Jytte nimmt Jürgen die Zange
ab und erzählt von einem Bekannten,
der sich mal aus Versehen mit einer
Zange das Ohr abgeknipst hat.

Papa Finn schüttelt den Kopf.

Schnell klebt Jürgen Arne die Schnurrhaare an.
Arne sagt immer noch nichts.

Jürgen klebt und klebt. Aber schon wieder kommt
ihm dabei die Flügelflosse in die Quere und er
verbrennt sich an der Heißklebepistole.

Das gibt ein ordentliches Loch in Jürgens Federkleid.

Jürgen weint und Papa Finn pustet. Mama Jytte steht nur da und guckt. Aber sie kennt natürlich mal wieder eine Geschichte, und während Papa Finn ein Pflaster holt und die verbrannten Federn verarztet, erzählt sie von dem einen Mal, als ihre Oma Feuer fing.

Jürgen stellt sich das sehr schlimm für die Oma vor und summt ein wenig vor sich hin, um die Geschichte nicht mehr hören zu müssen.

Jürgen hält still, während Papa Finn das Pflaster aufklebt. Arne möchte gerne in den Park.

Eigentlich ist Jürgen ganz schön müde, weil er den ganzen Vormittag gebastelt hat. Aber Arne sieht ihn mit großen Hundeaugen an, also müssen sie wohl los.

Jürgen rollt etwas Schnur ab, um eine Hundeleine zu basteln. Das ist schwierig mit dem Pflaster an der Flosse.

Die Schnur verheddert sich ständig.
Es wird eine sehr lange Leine.

Jürgen zieht Arne in den Park. Der ist ein fauler Hund. Jürgen muss die ganze Arbeit machen. Arne hängt nur an der Leine.
Jürgen seufzt.

Eigentlich laufen Hunde doch herum und bellen. Jürgen findet ein Stöckchen im Park. Jetzt kann Arne zeigen, dass er ein richtiger Hund ist. Jürgen wirft das Stöckchen, aber Arne bleibt einfach da stehen, wo Jürgen ihn hingestellt hat.

Jürgen rennt dem Stöckchen hinterher, um Arne
zu zeigen, wie man das als Hund so macht.
Arne folgt Jürgen. Doch dabei verfängt sich seine
Leine in ein paar Pflanzen und an einer Statue.

Ganz schön anstrengend, so ein Hund.

Jürgen versucht Arne zu befreien, aber die Leine hat sich überall verheddert, und Arne hilft kein bisschen.

Jürgen will die Leine gerade von einer Rose wickeln, als er in etwas Weiches tritt. Auf dem Rasen liegt ein großer, feuchter Hundekackhaufen, und Jürgen ist mit dem rechten Fuß reingetreten. Ist der Haufen etwa von Arne? Das wäre das erste Mal, dass er von sich aus was gemacht hätte. Igitt! Zum Glück hat Jürgen Schwimmhäute zwischen den Zehen, so bleibt die Kacke wenigstens unter dem Fuß.

Jürgen vergisst die Leine
erst mal und wischt seinen
Fuß am Gras ab.

Er wischt und wischt, aber der Fuß stinkt trotzdem.
Arne liegt reglos neben der Statue im Gras.
Wahrscheinlich war es doch nicht seine Kacke.

Jürgen lässt die Leine und Arne liegen und läuft runter zum Teich. Dort wird der Fuß bestimmt sauber. Jürgen setzt sich ans Ufer und streckt beide Füße ins Wasser. Ist das herrlich!

Das Wasser ist warm und Jürgen bekommt Lust zu schwimmen.

Er rutscht vorsichtig in den Teich und paddelt mit den Flügelflossen, so fest er kann.

Die Flosse ohne Pflaster paddelt richtig gut, aber die andere gibt auch ihr Bestes.

Jürgen bemerkt die Wasserratte Yvette gar nicht.
Dabei ist er genau da in den Teich gehüpft, wo
Yvette mit ihrer Familie wohnt.

Yvettes Familie ist groß.
Sie ist mit Franco aus Rom verheiratet.
Die Geschichte der beiden ist sehr romantisch, aber
auch sehr lang, deswegen gibt's die jetzt nicht zu hören.

Jedenfalls sind aus der romantischen Liebe sechs Kinder entstanden: Leila, Irene, Vanessa, Giulia, Ernesto und Paul.

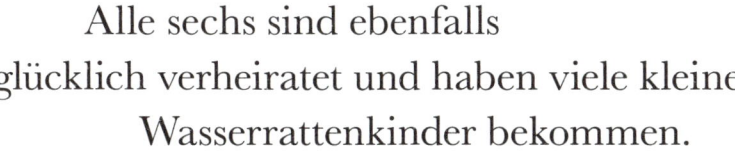

Alle sechs sind ebenfalls glücklich verheiratet und haben viele kleine Wasserrattenkinder bekommen.

Die Kinder wundern sich jetzt, was ein Pinguin mit einem Pflaster an der Flügelflosse in ihrem Teich zu suchen hat. Zuerst spürt Jürgen einen Biss an der Ferse, dann einen am Bein. Er strampelt wie verrückt, was den Wasserratten allerdings gar nicht gefällt. Die ganze Familie stürzt sich auf Jürgen, der wild zappelt und laut schreit.

Zum Glück sind Mama Jytte und Papa Finn in den Park gegangen, um nach Jürgen und Arne zu sehen.

Papa Finn findet, dass Jürgen schon ziemlich lange weg ist, und Mama Jytte ist eine gute Geschichte für Jürgen eingefallen.

Papa Finn springt sofort ins Wasser und schwimmt ruckzuck zu Jürgen.

Er packt Jürgen fest am Schnabel und zieht ihn zum Ufer. Papa Finn ist von der schnellen Sorte, und die Wasserratten bekommen ihn kein einziges Mal zu schnappen.

Aber Jürgens Federkleid ist nach der Ratten-Rauferei ganz zerrupft.

Es kommt nicht oft vor, dass Pinguine im Park sind. Und Baden ist im Teich verboten, weswegen ihn die Wasserratten normalerweise ganz für sich haben. Yvette treibt an der Wasseroberfläche und beäugt die Pinguine misstrauisch.
Jürgen jammert und Papa Finn pustet auf die Wunden. Pusten allein reicht aber nicht, deswegen singt Papa Finn noch eins von Jürgens Lieblingsliedern. Es ist ein Lied gegen den Krieg.

Alle in Jürgens Familie sind gegen Krieg und Gewalt. Auch deswegen war das ein schlimmes Erlebnis für Jürgen.
Mama Jytte setzt sich ins Gras und singt mit. Leider kann sie sich nie den Text merken und singt einfach irgendwas. Jürgen findet das nicht so toll. Er mag lieber den richtigen Text hören. Zum Glück schlägt Papa Finn vor, dass Mama Jytte Arne holt, damit sie alle vier nach Hause gehen können.

Als Jürgen aufsteht, tut es weh. Aber Mama Jytte
verspricht ihm, dass es zu Hause Waffeln gibt.
Waffeln sind Jürgens Lieblingsessen.
Allerdings auch das von Papa Finn,
also sollte Jürgen lieber mal
nicht Bummelletzter sein.
Papa Finn futtert
nämlich schnell.

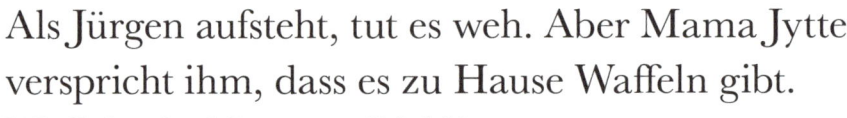

Jürgen fragt Arne, ob er Waffeln mag. Doch Arne
antwortet nicht. War ja auch ein langer Tag. Jürgen
zieht an der Leine, und schließlich steht Arne auf.

„Kannst du den Hund nicht hierlassen?", fragt Yvette.
Sie ist aus dem Wasser gekrabbelt.
Jürgen weiß nicht, was er dazu sagen soll.
Eigentlich ist er ein stolzer Hundebesitzer. Allerdings ist es mit Arne auch echt anstrengend.

„Wir brauchen noch einen Wachhund", sagt Yvette.
„Hier gibt es nachts so viele wilde Katzen und
einige davon sind richtige Räuber."
Jürgen ist sich nicht sicher, ob Arne ein guter
Wachhund wäre. Ist er nicht etwas zu still dafür?
Aber Mama Jytte findet, Arne kann ruhig dableiben.
Sie ist schon auf dem Weg zum Ausgang.
„Auf nach Hause zu den Waffeln!", ruft sie.
Eigentlich ist es auch ganz gut, wenn sich nicht zu
viele die Waffeln teilen müssen, überlegt Jürgen.
Also winkt er Arne und lässt ihn bei Yvette
und ihrer Familie zurück.

„Bist du traurig, dass Arne nicht mit zurückgekommen ist?", fragt Papa Finn, bevor er sich ein großes Stück Waffel in den Schnabel schiebt.

Nachdem er 23 Waffeln und irre viel Marmelade gefuttert hat, geht Jürgen in sein Zimmer.
Er steckt die Heißklebepistole schon mal rein, obwohl er noch nicht weiß, was er basteln will.
Am besten legt er sich erst mal ins Bett und denkt ein bisschen darüber nach.
Jürgen denkt richtig lange nach, mit geschlossenen Augen.
Irgendwann kommt Papa Finn rein und deckt ihn zu. Er zieht auch die Klebepistole wieder raus.

Es wird wohl noch eine Weile dauern, bis Jürgen fertig nachgedacht hat.